(Valentine's Day) **PLATE 1**

PLATE 2 *(Valentine's Day)*

PLATE 4 *(Valentine's Day)*

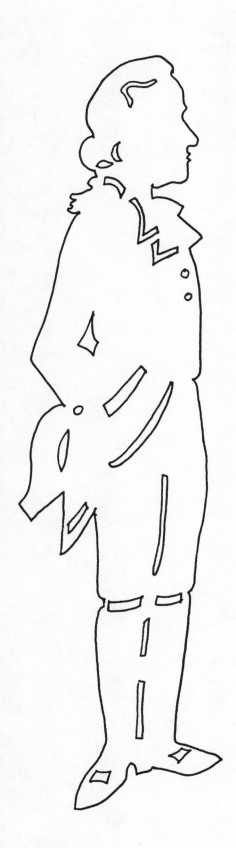

PLATE 6 *(TOP: St. Patrick's Day; BOTTOM: Easter)*

PLATE 8 *(Easter)*

PLATE 10 *(Independence Day)*

PLATE 12 *(Halloween)*

PLATE 14 *(Thanksgiving)*

PLATE 16 *(Christmas)*

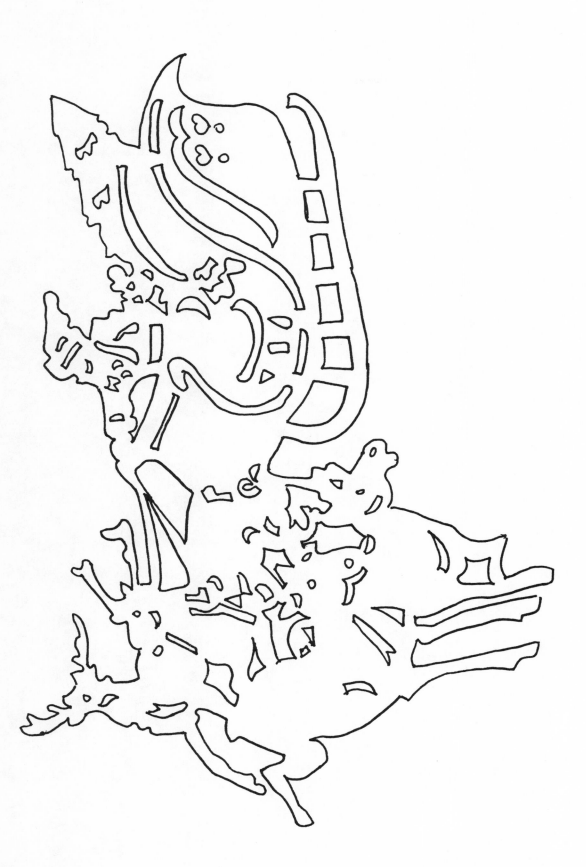

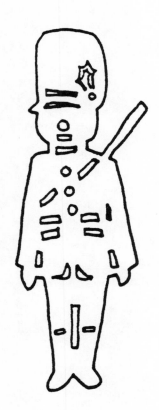

PLATE 18 *(Christmas)*

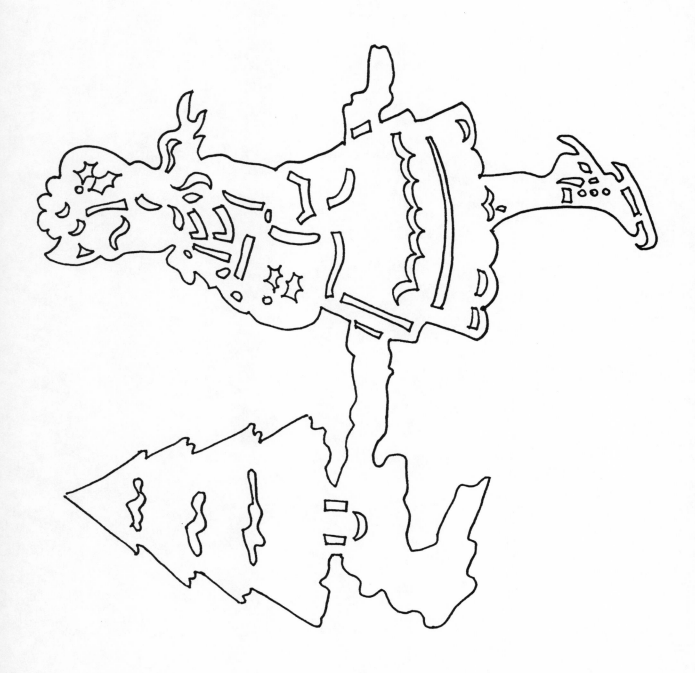

PLATE 20 *(Christmas)*

PLATE 22 *(Christmas)*

PLATE 24 *(birthday)*